Being a Superhero
Essere un Supereroe

Liz Shmuilov

Illustrated by Mary K. Biswas

www.kidkiddos.com
Copyright ©2019 by KidKiddos Books Ltd.
support@kidkiddos.com

All rights reserved. No part of this book may be reproduced in any form or by any electronic or mechanical means, including information storage and retrieval systems, without written permission from the publisher, except in the case of a reviewer, who may quote brief passages embodied in critical articles or in a review.

Tutti i diritti sono riservati. Nessuna parte di questa pubblicazione può essere riprodotta, memorizzata in sistemi di recupero o trasmessa in qualsiasi forma o attraverso qualsiasi mezzo elettronico, meccanico, mediante fotocopiatura, registrazione o altro, senza l'autorizzazione del possessore del copyright.
First edition, 2019

Translated from English by Debora Salvo
Tradotto dall'inglese da Debora Salvo
Italian editing by Martina Roic and Vera Ventura
Revisione del testo in italiano a cura di Martina Roic e Vera Ventura

Library and Archives Canada Cataloguing in Publication
Being a Superhero (English Italian Bilingual Edition)/ Liz Shmuilov
ISBN: 978-1-5259-1407-2 paperback
ISBN: 978-1-5259-1408-9 hardcover
ISBN: 978-1-5259-1406-5 eBook

Please note that the Italian and English versions of the story have been written to be as close as possible. However, in some cases they differ in order to accommodate nuances and fluidity of each language.
Le versioni in inglese e italiano della storia sono state scritte in modo da essere più simili possibile. Tuttavia, in alcuni casi, esse variano per adattarsi alla fluidità e alle sfumature della lingua.

Hi friends! My name is Maya. I am a lizard. I want to tell you a story about my best friend Ron the frog, who became a superhero.

Ciao amici! Il mio nome è Maya e sono una lucertola. Voglio raccontarvi la storia del mio migliore amico, Ron la Rana, che è diventato un supereroe.

One summer day, I was at Ron's house watching our favorite superhero show.

Un giorno d'estate ero a casa di Ron a guardare il nostro programma di supereroi preferito.

"You know," Ron said suddenly, "it would be cool to be a superhero. Then we would be able to help others!"

"Sai", disse all'improvviso Ron, "sarebbe davvero bello essere un supereroe, così potremmo aiutare gli altri!"

"That's a great idea!" I replied, millions of thoughts racing through my mind. "I could be your coach and teach you all the things a superhero needs to know!"

"È un'idea fantastica!", risposi. Avevo già in testa un milione di idee. "Potrei diventare la tua allenatrice e insegnarti tutto quello che un supereroe dovrebbe sapere!"

As he heard this, a look of hope appeared on Ron's face.

Non appena sentì la mia risposta, sul viso di Ron apparve uno sguardo di speranza.

"But every superhero needs a superpower," he said quietly.

"Ma ogni supereroe ha bisogno di un superpotere", mormorò.

I thought for a moment. "Your superpower can be your talent in long jumps! Oh, and your sticky hands!"

Ci pensai per un attimo. "Il tuo superpotere potrebbe essere il tuo talento nei salti lunghi! Oh, e le tue mani a ventosa!"

"Yes!" Ron jumped with excitement.

"Sì!", disse Ron saltellando per l'emozione.

"Now we need a costume. Something everyone will recognize," I said.

"Ora ci serve un costume, qualcosa che tutti potranno riconoscere", dissi.

Ron ran to his room and brought out a red shirt. "We can color a big star on this shirt!"

Ron corse in camera sua e prese una maglietta rossa. "Possiamo disegnare una grande stella su questa maglietta!"

"Great idea!" I smiled. "How about a cape?"

"Ottima idea!", sorrisi. "Che ne dici di un mantello?"

"We can use my favorite blanket!" exclaimed Ron. His eyes sparkled.

"Possiamo usare la mia coperta preferita!", esclamò Ron. I suoi occhi luccicavano.

We got straight to work, drawing and painting on Ron's shirt.

Ci mettemmo subito al lavoro, disegnando e colorando la maglietta di Ron.

"It looks amazing! You will look like a real superhero!" I said when we finished.

"È bellissima! Sembrerai un vero supereroe!", dissi quando finimmo.

The next morning, we met at the park and started practicing.

La mattina dopo ci incontrammo al parco e iniziammo ad esercitarci.

"Today, I will teach you a few important things every superhero needs to know: The Three Superhero Rules."

"Oggi ti insegnerò alcune cose importanti che ogni supereroe deve sapere: Le Tre Regole del Supereroe."

We sat down on the bench and I explained the rules to Ron.

Ci sedemmo sulla panchina e spiegai le regole a Ron.

"Rule number one: never give up, no matter how difficult the situation gets."

"Regola numero uno: non arrenderti mai, non importa quanto sia difficile la situazione."

"Rule number two: learn from your mistakes, so that you can do better next time."

"Regola numero due: impara dagli errori, così che tu possa fare di meglio la volta successiva."

"Rule number three: always remember that you can do anything!"

"Regola numero tre: ricordati sempre che puoi fare qualsiasi cosa!"

We worked on memorizing the rules and then headed back to my house.

Ci impegnammo a memorizzare le regole e poi tornammo a casa mia.

When we got home, we met my little brother Danny. He looked upset.

Arrivati a casa, incontrammo il mio fratellino, Danny. Sembrava triste.

"I can't find my favorite toy!" he cried loudly.

"Non riesco a trovare il mio giocattolo preferito!", strillava.

I glanced at Ron and whispered, "This seems like a mission for a Superhero!"

Guardai Ron e sussurrai: "Questa sembra proprio una missione per un Supereroe!"

Ron smiled and nodded. "What does the toy look like?" he asked.

Ron sorrise e annuì. "Com'è fatto il giocattolo?", chiese.

"It's my stuffed toy, the lion, from the superhero TV show," explained Danny. "It's big and soft."

"È il mio peluche, il leone del programma televisivo dei supereroi", spiegò Danny. "È grande e soffice."

"Don't worry. We will find it," Ron assured him, and we began our first mission.

"Non preoccuparti, lo troveremo," lo rassicurò Ron. Iniziammo così la nostra prima missione.

We looked everywhere—in closets, beside cupboards, behind tables and under chairs. The toy was nowhere to be found.

Cercammo ovunque: negli armadi, accanto alle credenze, dietro i tavoli e sotto le sedie, ma il pupazzo non si trovava da nessuna parte.

"You two should go look in the backyard, and I'll keep searching here," Ron suggested.

"Voi due dovreste andare a guardare in giardino e io continuerò a cercare qui", suggerì Ron.

Just as Danny and I stepped outside, we heard Ron's voice. "I found it! I found it!"
Proprio mentre io e Danny stavamo uscendo, sentimmo la voce di Ron: "L'ho trovato! L'ho trovato!"

We ran to him and looked down at the small object in his hand.
Corremmo verso di lui e guardammo il piccolo oggetto che aveva in mano.

"That's not the lion I was talking about," Danny frowned. "My toy is big and soft, but this one is small and wooden."
"Non è il leone di cui stavo parlando", disse Danny accigliato. "Il mio giocattolo è grande e soffice, questo invece è piccolo e di legno."

Ron's face fell at first, but a look of determination quickly replaced the disappointment.

All'inizio Ron si intristì, ma poi uno sguardo determinato si sostituì rapidamente alla delusione.

"No worries," he said. "Superhero rule number one: Never give up!"

"Non preoccuparti", disse. "Regola numero uno del Supereroe: Non arrendersi mai!"

"Rule number two," I added, "Learn from your mistakes. We are looking for a big, soft, stuffed toy."

"*Regola numero due*", aggiunsi, "*Impara dai tuoi errori. Stiamo cercando un peluche grande e soffice.*"

"Soft and big. Got it!" Ron replied.

"Grande e soffice. Capito!", rispose Ron.

"And rule number three," I said. "Who can do anything?"

"E regola numero tre", dissi, "Chi può fare qualsiasi cosa?"

"I'm a Superhero and I can do anything!" yelled Ron enthusiastically.

"Sono un Supereroe e posso fare qualsiasi cosa!", esclamó Ron con entusiasmo.

"We have to think like superheroes," he continued.
"Dobbiamo pensare come supereroi", continuò.

"If the toy is not in the house, it must be somewhere outside. It's not like it can fly away!" Ron giggled and looked up to the sky, but suddenly froze.
"Se il giocattolo non è in casa, deve essere fuori da qualche parte. Non può di certo essere volato via!", ridacchiò Ron alzando la testa verso il cielo, ma all'improvviso si bloccò.

"What are you staring at?" I wondered, looking up also.
"Che cosa stai fissando?", chiesi guardando in alto.

Ron pointed to the top of our big apple tree.
Ron indicò la cima del nostro grande albero di mele.

"Is that...?" I began to mumble.
"Ma quello è...", mormorai.

"My toy! You found it, Ron!" Danny exclaimed.
"Il mio pupazzo! L'hai trovato, Ron!", esclamò Danny.

"But how will we get it from the tree?" he added quietly.
"Ma come faremo a prenderlo dall'albero?", aggiunse a bassa voce.

"Ron can get it easily," I said. "He can use his powers — his sticky hands and super long jumps."
"Ron può prenderlo facilmente", dissi. "Può usare i suoi poteri: le sue mani a ventosa e i suoi salti super lunghi."

Ron took a deep breath and began climbing the tree, jumping from branch to branch.

Ron fece un respiro profondo e si arrampicò sull'albero, saltando da un ramo all'altro.

He reached the toy and very soon, got down and handed it to my brother.

Raggiunse il pupazzo e scese rapidamente per consegnarlo a mio fratello.

"You're my hero!" Danny laughed and gave Ron a big hug.

"Sei il mio eroe!", Danny rise e abbracciò forte Ron.

"Actually, Maya is the real hero," Ron corrected him.
"She taught me everything I know! "

"In realtà è Maya la vera eroina", lo corresse Ron.
"Mi ha insegnato tutto quello che so!"

That day we learned that even if we're not the superheroes from the movies, we're smart and strong and can do anything we want!

Quel giorno imparammo che, anche se non siamo i supereroi dei film, siamo intelligenti e forti e possiamo fare qualsiasi cosa!

And remember, you are a Superhero too!

E ricorda, anche tu sei un Supereroe!